물의 얼룩이 올챙이라니

제47차 기획시선 공모당선 시집

물의 얼룩이 올챙이라니

시산맥 기획시선 158

초판 1쇄 인쇄 | 2025년 8월 25일
초판 1쇄 발행 | 2025년 9월 1일

지은이 윤창도
펴낸이 문정영
펴낸곳 시산맥사
편집주간 김필영
편집위원 최연수 박민서
등록번호 제300-2013-12호
등록일자 2009년 4월 15일
주소 03131 서울특별시 종로구 율곡로 6길 36. 월드오피스텔 1102호
전화 02-764-8722, 010-8894-8722
전자우편 poemmtss@naver.com
시산맥카페 http://cafe.daum.net/poemmtss

ISBN 979-11-6243-620-2 (03810) 종이책
ISBN 979-11-6243-621-9 (05810) 전자책

값 12,000원

* 이 책은 전부 또는 일부 내용을 재사용하려면 반드시 저작권자와 시산맥사의 동의를 받아야 합니다.
* 이 책은 교보문고와 연계하여 전자북으로 발간되었습니다.
* 본문 페이지에서 한 연이 첫 번째 행에서 시작될 때에는 〈 표기를 합니다.
* 저자의 의도에 따라 작품의 보조 동사와 합성 명사는 띄어쓰기가 달라질 수 있습니다.

물의 얼룩이 올챙이라니

윤창도 시집

| 시인의 말 |

낚시하였다

믿음직한 말들을 건져 올려
식탁 위
몇 구절의 꽃잎과
아직 닿지 않은 안부들과
몸이 불러내는 신호들을 버무렸다

외출하였다가 도어락 딸깍 소리에
달려와 반기는 식구같이
현관 앞
맑게 흔들리는 소리이기를

풍경처럼

2025년 8월,
윤창도

■ 차례

1부

능소화	19
물의 얼룩	20
개소리 베고 누워	22
개소리 베고 누워 2	24
밥 아래 풍경	26
노을	27
지운다는 것	28
고욤나무 반 그루	29
초록 비보	30
풀의 속성	32
벚꽃 터널	33
늪	34
로드킬	36
들이치는 폭설	37
별리別離	38

2부

인연	43
옹이	44
저 초록의 광기 속으로	46
그림자 얼굴	48
너의 주말은 평온하더냐	50
풀을 뽑고 있다	52
함박눈이 되고 싶었다	53
인대가 파열되었다 2	54
길을 건너는 데도 치열하게	56
봉 세탁기	58
홍수	60
반성	62
내가 손 쓸 수 없을 때	64
닫힌 방	66
유통기한이 오늘이라니	68

3부

난분분	73
귀소歸巢	74
만월	76
함박눈 예찬	77
접시꽃 활짝	78
꽃동백	80
모정母情	81
선운사 꽃무릇	82
꽃동백 2	83
박꽃	84
조팝나무 아래	85
무소유	86
일편단심	87
아내	88
고요한 마당	89

4부

가시박	93
앵앵거리는 여름밤의 모기	94
나의 처지 물푸레나무	96
화양연화	97
신기루 같은 허공을	98
아내의 달거리	100
먼지 같은	101
유통기한이 오늘이라니 2	102
1막 2장	104
굿모닝 엄마	106
찬란하다는 말	108
가시박 사랑	110
겨울나무야	111
벚꽃 엔딩	112
봄이잖아	114
어떤 오후	116
후생	117
주주야야비비	118
소리에 익다	120
티베트 순례길	121

■ 해설 _ 변방을 투시하는 사물주의자의 감각
   이화영(시인·문학박사) _ 123

1부

능소화

그늘 쉼터를 타고 오르던 능소화
송이째 절정의 제 몸을 뚝, 뚝 던져 발갛게
길바닥 적시는 칠월 중순
산책하던 발걸음 문득 멈춰 있다

바람에 휩쓸려 하염없이 뒹굴며 사라지는 중이지만
이번 생은
꽃등 밝혀 환한 더 없는 세상이라고,
한층 낙화 잦아지겠다

능소화 붉은 기색 훅 달라붙는
너를 또 필사하고 싶었다

떨어진 능소화 꽃잎 몇 개
손바닥에 주워 들고
몇 구절의 풍경같이
한 겹 두 겹 붉은 화인 새기며
목이 메인 채
해 지는 천변을 가물, 가물 걸었다

물의 얼룩

바글바글 욕망으로 뭉쳐진
둥근 축구공같이 말려 있는 올챙이 떼
물끄러미 보아도 생의 표정은 물의 얼룩

어쩌다 물의 표면을 후려치는
개구리울음 후렴처럼 소나비 오는 날이면

까만 올챙이 떼
몸집을 키워 검은 물감처럼 점점 크게만 번져가던 얼룩

둠벙은 얼룩을 소멸시키기도 하고
더 큰 형체의 주름을 만들어서
물 밖으로 내보내기도 하는

아직 물의 구근은 차갑지만
봄햇살 들고부터
몸은 가려워서 작은 몸체에서 뒷다리가
툭, 툭 비어져 나오고
꼼지락대며 뒷다리의 몸통 힘을 불어넣고 있는
언덕배기 아래

〈
철쭉꽃 벙글 듯
물 밖을 기어나가는 개구리 새끼들의 행렬
바글바글

물둠벙,
그 얼룩 서서히 지워졌다가
또다시 피고 지겠지

개소리 베고 누워

새벽 다섯 시 베란다 너머 민가에서 줄기차게
울고 있는 개
어둠의 명치 콕콕 찌르고 있다
밥 달라는 간절한 울먹임, 소리로 발버둥 치지만 목줄 차고 있을 개
절명의 자세로 순간을 울부짖는, 저만치 방치된 사랑이 진저리치고 있는
고기 한 덩이의 절박함이 새벽을 흔들고 있다

선잠마저 뺏긴 지 오래,
어둠 타고 아파트 벽과 창문을 비집고 기어드는
목이 쉰 개 짖는 소리
귀뚜라미나 갈색여치 소리였음 좋으련만
이 밤, 마음의 빈대 몇 마리 사방으로 흩어 놓고 있는
불립문자

어슬렁대는 어둠과 저 질긴 소리의 끝은 배롱나무 붉은색일 거야
밥을 얻은 개의 수런거림
소리 멈춘 쪽으로 자꾸만 등을 기대는 나는,

개에게 다가가 밥그릇 슬쩍 놓고 오는 꿈을 꾼다

개를 베고 누웠다 개는 뒤집어 배를 내주었다
이슬에 젖은 개의 목덜미는 한 덩이 밥보다 뜨겁다

개소리 베고 누워 2

말뚝에 묶였을 개
생의 활동반경은 몇 미터일까
슬픔의 크기는 목줄의 길이에 반비례할 것이다
목줄은 보챌수록, 허공에 앞발 치켜들면 들수록
허기는 목젖 할퀴며 생채기를 낳겠지
베란다 너머 민가에서 개 짖는 새벽
밥 달라며, 밥 좀 달라며
두어 시간을 울고 있다

개껌은 씹어 보았니?
희한한 옷 차려입은 비숑 프리제, 보행기 타고 산책 나간다

하양 멋진 털, 건들바람에 호가호위하는 거 보았니?
고종사촌의 번쩍번쩍한 옷차림
배는 고픈데, 나는 배가 고픈데
초콜릿 깨물고 있는 것 보았다

가장 먼 곳에 사는 개가 짖고 있다

슬픔이 크면 울음도 잦아든다지

억센 어금니 서걱서걱 사슬을 씹는 거야
조금씩, 까짓 오늘 안 되면 내일
담장 넘어 흘러가는 양떼구름 넘보는 거야
습하고 지린내 나는 빈집에 들어
움츠러드는, 훌쩍거림은 싫잖아
달무리는 잔뜩 부풀어 오른 술빵처럼 아린 눈초리로 내려다보잖아

지치고 힘든 생의 올무
느리면 어때, 흰 이빨로 그냥 물어뜯는 거야
중얼거리며
흥얼거리며

밥 아래 풍경

왜가리 한 마리 서 있다
물속에 잠긴 나뭇가지처럼 두 발목 물살에 처박고
꼿꼿이 서 있다
한치 미동 없이 오로지 앞만 응시하고 있다
아직 얼음은 돌무더기 베어 물고 있는 입춘
바람은 일렁여 찬 물결 발목을 할퀴어대어도
고요마저 집어삼킨 저 부동의 자세
집중이 허기를 내쫓고 있다
청둥오리 떼는 물결 일으키며 연신 자맥질하여도
바람에 이따금 깃털 말아 올릴까
흔들리지 않고 서 있다
파닥이는 먹이 부리로 쪼아 물기까지
공복의 기다림
웅크린 적요寂寥
도심천 풍경을 부여잡고 있다

동백꽃처럼 저녁해 뚝 떨어지고
어스름 내려앉는 도심 천변
저마다 가는 길 재촉하며 집으로 드는데

노을
-반구대 암각화

대곡천 자갈밭 물을 지나면 절벽
선사시대의 병풍 폭 암각화
바다의 기억을 물고 있다
운무에 휩싸였다가 풀어놓은 수렵의 전설
햇살을 끌어 덮고 있다
뼈작살이란 도구를 들고 반짝였던 시대
범고래, 귀신고래, 향유고래, 혹등고래의 거친 숨소리
가까이 다가서면 대나무숲의 푸른 댓가지 어룽거리며
윤슬로 쓸려갔다 쓸려오는 반구대암각화
귀신고래 잡아서 끌어올리는 날이면
은하의 푸른 별자리가 욱신거렸다
시원의 소리가, 괴성이 날뛰었다
혹등고래 내뿜는, 뜨건 숨이 가빠올라
절벽을 마구 뛰어올랐을 것
암각화의 기억은 붉은 노을 속 바다의 체온을 물고 있다
고래는 묵직한 문장으로 퍼덕였고
고래의 울음은 적벽에 경련하며 유택을 지어 놓았다

수 없는 세월, 저 유택 속으로 자늑자늑 걸어 들어
지친 몸 함께 누이는 노을

지운다는 것

물의 흔적을 지우는 건 물이다
바람의 흔적을 지우는 건 바람이다
초승달이 한때 빛을 잃고 어슬렁거렸다가
보름 달빛에 홀린 숨결 지난하였다
가장 밑바닥 눌리고 포개진 곳간의 알곡
말라비틀어졌으나 계절이 오면
부스럭댄다는 이치
기억의 무덤을 관통하면
깃털에 묻은 먼지와 눅눅한 일상
저마다 상처받아서 동굴에 든다지만
지워지기 때문에 눈 뜨고
지워지기 때문에 걷는 사람들
흔적 지우기는 어쩜 생을 달관하게 하는 것
지운다는 것은 제 상처를 봉합하는 일
지워진다는 것은 뜨겁고 아린 일
누구에게는 가슴 저미는 기억
바람을 안거나 등지고
지나온 흔적 지우면 그만큼의 여백이 생길까
생의 음계에 나팔꽃은 필까

고욤나무 반 그루

해보다 달이 친근한 그곳
장독대 들이지 못한 외진 곳
밑동 반쯤은 썩어서 반쪽은 죽은 고욤나무
집채보다 한쪽은 크게 자란 고욤나무
숨바꼭질하다 술래가 찾아오지 않아
제풀에 지쳐갔던 마음 한 켠
바랭이보다 먼저 이끼가 터 잡은 뒤뜰
그곳에서 보는 하늘은 우중충 어두웠고
잔광만 잠시 파닥이다 가는 무심의 영역
부러진 가지의 상처를 훑고 온 바람
밤새 울었지
부엉이가 찾아들어 우는 밤이면
까마득한 겨울
뒤뜰의 고욤나무 반 그루
봄이면 초록잎 달았다

그 나무 오래오래 보고 자랐다

초록 비보

시드는 복숭아꽃 오후 2시를 치닫고 있는 햇빛을
강하게 잡고서
벌과 나비 안간힘 다해 꼬시고 있는 춘 사월

아침나절 적과 한다며 매실밭으로 간 당신
몇 번을 전화해도 도통 받지 않아 종종걸음
불안을 디디며 당도한 매실밭
초록의 복사뼈에서 생의 문을 닫고 있는 당신
깃털처럼 가벼이 초록의 요람에 먼저 드러 하나요
환몽처럼 아니 벌써 떠나려 하나요
황혼이 아닌데 황혼으로 훌쩍 건너가는 당신
왼발로 풀숲의 까치독사를 밟고 있는 오싹함이 밀려오네요
소름이 닭살처럼 봇물 돋아나네요
여기서 이렇게 홀로 퍼질러 멈추면 어찌하나요
파랗게 만져지는, 확성기처럼 잡히는 슬픔
푸른 조막매실 땅바닥에 소복이 뒹굴고 있네요
팔다리 뼈마디는 뻐득하게 굳어 있지만
더듬더듬 몸뚱이를 만져보니
삼십여 년의 인연 물컹물컹 당신의 살결이네요
멍하니 아무 생각이 나지 않고

지금 당장 할 수 있는 일이라고는 오직 살려야 한다는 일념으로
허둥허둥 119를 불렀네요
수습되지 못한 생의 문턱에서 질긴 우리의 인연도
겹겹첩첩 연한 매실나무 난간을 흔드는
한갓 봄바람이었던가요

풀의 속성

날마다 기어 나온다
연한 날개 단 풀포기가 솟아오른다
한 평에 칠만 오천 개의 풀씨가 잠자고 있다니
숨죽이고 몇 년이고 가만히 있다가
싹 틔우지 못하고 웅크리고 있다가
극한의 상황에서도 절망하지 않고 있다가
여차하면 사립문 박차고 가출하는 비행청소년
솟아오른다 날아오른다

한여름 땡볕 아래 풀 죽어 지내다가
미동한다 방 문짝 열고 땅바닥
낮은 포복으로 냅다 긴다
지칠 줄 모르는 풀뿌리의 속성
혹여 소나비 다녀가면
기세등등 7월은 폭주기관차
달린다 너울너울 춤춘다

경련하듯 풀은,
달궈진 방아쇠가 팽창한 바람에 격발하면
생의 흔적 남기려고 초록초록 진격이다
앞으로 진격!

벚꽃 터널

시간을 잘게 쪼개 한 단면만 본다면
이 길목은 환희 가득하다
짧은 시간이지만 환희 뒤의 수습을 생각지 않아도 되는
애초에 상처나 절규가 존재하지 않았기에
그 요상한 말들은 목록에서 지워져야 할 단어
이곳은 한껏 밝아서 사람들이 가맣게 몰리는 터널
일주일 꼬박 밤을 지새울 수 있는 인내와 끈기는 최소 조건
밤이 아닌데도 촉촉한 혀의 축제
막 돋아난 애송이 혀들도
부푼 봄날 촉성된 것인지 숙성되었는지
앵앵거림이 금방 전염된,
입안 가득 붉은 기운 흠뻑 내뱉으며
휘발되는 봄의 길목

버찌를 물고 있지 않아도
존재의 가벼움이 느껴지지 않는
끝내 가닿아야 할 우리들의 희망 터널

늪

냄비 가득 풀을 끓여 하얀 벽지 발라 놓았나
우라지게 복도 없이 엎어진 겨울 초입
되돌아갈 수 없는 길

해는 늦잠 자는지 솟아오르지 않고
진저리 치며 비명을 질러대는 점박이고양이
그 울음은 안개에 갇혀 강을 건너지 못했다
절뚝거렸다. 그 위로 또 다른 자동차가 지나갔다

바퀴가 지나간 사고 현장은 안개가 발 빠르게 지웠다
끔찍한 흔적 더 이상 번져나가지 못하게 차단한 안개
한 치 앞을 내다볼 수 없는 허망한 몸짓
헤어날 수 없는가? 깊고 아득한 안심교

안개를 사육한 어둠은 아침 무렵
포식한 배를 드러내놓고 있었다
두부처럼 간수 넣어 절로 엉기는 안개는
느닷없이 흔들리면서 안개를 불러내어 자신을 뭉개었다
부풀어 오르면서 잠그고 사라지면서 육교를 열고는 하였다
〈

날쌘 점박이고양이도 피하지는 못했을 것
　폭죽처럼 터져 나온 물컹한 심장과 속창은 안개에 밀려 사라졌고
　웅성거림도 쏙닥거림도 감추어진 출처

　구급차는 끝내 오지 않았다
　아득한 불온의 육교에서 헐고 지우며
　긴 겨울을 맨몸으로 감당해야 했다

로드킬

산목숨이 갑자기 사체가 되어
도로 바닥에 더운 살점을 퍼질러 놓았다
채 식지 않은 구겨진 덩어리에서 모락모락 피어오르는 김
질주하는 자동차를 아슬하게 피하며
까마귀 몇 마리가 파먹는 아침 상찬,
굶주렸던 욕망이 달려들어 터진 살갗을 뜯고 있다
통통한 고라니의 뒷다리 근육도 짓뭉개져
까마귀의 아가리 속으로
자동차 바퀴와 도로 틈새 속으로 사라지고 있는 아침녘
둔덕의 구절초가 백색 실리콘처럼 박혀 있다
찬란하면서 슬픈 햇살이 안개를 걷고
출근길을 따라붙고 있다
먼저 간 죽음의 점들과 같은 집합 선상에 있는 출근길
익숙한 파동, 죄인처럼 발가락 꼼지락거리며
눈으로 직접 본 죽음을 수량화하고 있을 뿐

들이치는 폭설

산 정상에 올랐을 때부터 쏟아붓는
충만한 진눈깨비
벌려 놓은 계절의 끝을 여며 닫으려는지
산골짜기 깊게 팬 주름을 덧칠하며 덮고 있다
휘몰아치며 자지러지는, 겹겹이 치는 하늘 장막
떠나온 산길
되돌아가자니 너무 멀리 와 버려서 걱정 태산길
하염없이, 하염없이 덤벼드는 무심의 눈발
도깨비바늘처럼 착착 몸에 달라붙는다
고함 내질러도 켜켜로 쳐 놓은 빗장 열지 못할 공포
시야를 점점 좁혀 오고 있다

빽빽이 우거진 눈보라
산길 끊어지기 전에 하산해야 한다
속눈썹 젖어 오는데, 아이젠도 없이
급작스레 하늘 그물에 걸려든 망막한 마음
준비 덜 된 노후와 닮은 첩첩의 두려움
서늘한 무늬가 쳐져 있다

진눈깨비는 어둠을 몰고 저녁을 훔치러 오고 있다

별리別離

헤어지자는 그녀의 결별 선언
자작나무 숲속의 새가 날아올랐다
하얗고 검은 목피가 벗겨졌다

직박구리 한 마리
산수유 열매 부리로 쪼아 붉게 터뜨리며
날아다녔다
사랑은 늦가을 갑자기 그렇게
들이쳤다
세상은 밝고 더없이 좋은 나날이었다

중편소설 한 편의 분량

그녀와 평탄 작업을 하였고
삐걱거리던 의자도 균형을 찾아서 안정되었거니 했다
덜 여문 사랑이 사랑을 내쳤다

열매 한 알
가슴에 들이기는 쉬웠으나
달콤은 순간,

못을 뽑아내려고 힘쓸수록 휘어서
부르터지면서
가슴 깊이 멍 자국 남겼다

2부

인연

풀이 뽑혀 나간,
한 줌 크기의 질경이도 뿌리 내렸던 제자리의
흙을 놓지 않으려고
마지막 흰 잔뿌리를 드러내 놓고도
제 살점의 움푹한 상처 자국이 싫어서인지
흙은 질경이의 뿌리를 단박에 내어주지 않고
끝까지 움켜잡고 있다
좀처럼 달려 나오지 않고 있다
풀과 땅의 인연도 저리 질긴 것인데
사람이 사람과 헤어지고 이별한다는 것은
실로 어마한 사건이다
마음의 보금자리 별 하나 지우는 것은
그 사람의 일생을
고스란히 지우는 일이다

옹이

술잔을 치며, 아버지
봉분 위 고깔제비꽃 예쁘게 피었네요
그늘 깊이 에워싼 터널은 뻘밭이었어요
졸참나무 옹이는 살붙이여서 숯검정 되었을 아버지
논마지기 팔아 붕대 칭칭 감은 어린 아들의
화상 수술비용을 마련했었다지요
그 순간 가족의 옹이가 되었을
울음이 옹이였을 때는 몰랐어요
바깥세상을 동경하였으나
결 다른 옹이가 될까 봐 골방에 틀어박혀 아물지 않은,
삭이지 못한 응어리 때문에 충혈이 잦았었지요
생의 바닥까지 파고들어 심연을 헤집어도 괜찮은 환갑에
술잔을 치며, 아버지

 졸참나무 밑동과 보이지 않는 거대한 뿌리를 더듬고 있어요

 삭은 나무계단 오르다 눈알처럼 박힌 단단한 옹이를 보았어요

 옹이는 나무의 중심 아닌 변방이지만 숲의 일원을 꿈꾸었지요

 먼 곳에 계신 아버지

봉분의 고깔제비꽃 팔랑나비 떼가 날아오르는 거 보이나요

저 초록의 광기 속으로

동면은 길어졌다
봄은 왔으나 싹 틔우지 못하고 있었다

바닥에 쪼그리고 꼼작 않고 있다가
숨죽이며, 궁핍하게 눌려 지내다가
조밀한 두려움이 밀려드는 길목
"가벼우면 쭉정이 된다" 환청이 들렸을 것
발아되고 싶었다 소란 피워서라도
통증이 따르고 휘어서라도
새싹을 꿈꾸었다

다행히 한계상황에 이르러 싹 틔운 풀씨들
바닥을 치며 거침없이
옆구리 툭 비어져 나오는 저 초록의 광기 속으로
초록의 고통이 점령한 숲,
단단하게 뭉쳐 내지르는 결핍
이름표 달든 달지 않았듯
강둑을 달리는 저 시퍼런
혈기
생채기 위무하는 무성한 잎새들의

퍼들거림 속으로
파장파장 들어가는 여린 풀씨들의 광기 속으로

그림자 얼굴

수사자가 물소의 급소를 덮치는
갈퀴 세운 형상하고 해가 들었다
반나절도 빛이 들지 않는 화단
눈 부신 햇살이 펄럭이는 게양기를 물고 뛰어내린
그림자 땅바닥에 뒹굴고 있다
네 발이었다가 갑자기 뭉퉁한 여섯 발로 쪼개져서
땅바닥을 긁고 있다
가을볕에 화단이 꿈틀거렸다
바람 매운 날이면 미쳐 날뛰는 그림자
허공 향해 발길질하며 대들었다
빈둥거리던 게양대의 깃발을 쿨럭거리며 울렸다
쉬지 않고 건들거리다 까불거린다
자유로운 그 어떤 영혼이 숨어 들었나
지치지 않는
숨통 팔딱이는 공장 경비원의 작은 초소에 포개지는 그림자

물끄러미 전방의 일투족을 응시하며
굼뜬 시간 지그시 잡고 있다
헛기침이나 하면서 연신 눈 끔벅거리다가

끈적한 누란의 하루
동공을 커다랗게 키우면서 연명하는 얼굴이 있다

너의 주말은 평온하더냐

동물의 왕국을 본다
나른하게 밀려오는 거위 깃털 같은 나른한 낮잠과
가죽 소파에 벌러덩 누워서 TV를 본다
구구대던 창문 밖 비둘기는 날아오르고 있다

초원을 탄력 있게 누비던 근육질의 누
말짱한 몸으로, 하이에나 서너 마리에게 넘어졌다
동그란 눈 껌벅이며 제 살점 물어뜯기고 있다
연약한 뱃살부터 찢겨나가 호스 같은 내장
하이에나의 아가리로 빨려들고 있다
그 어떤 비명 뱉지 못하고
급기야 발버둥 치는 파닥임도 없다
쉬이 끊어지지 않는 숨통 어느 부위까지 파 먹혀야
멎. 을. 까.
살점 내어주며 죽어가는 누
고통이 클수록 얌전하게 몸을 내맡기고 있는 것일까
더 이상 손 쓸 수 없을 때 그럴 때가 가끔 있었지
한 생명이 다른 생명 속으로 급하게 사라지고 있다
수크령 허리 꺾고 있는 푸른 초원
눈 침침하게 화면 가득 출렁이고 있다

〈
한가롭게 매운 새우깡 아작이며
가죽 소파에 누워 동물의 왕국을 보며
저무는 주말 오후

풀을 뽑고 있다

풀을 뽑고 있다
공장 정문 앞 인도의 풀을 뽑고 있다
보도블록 틈에서 뿌리 내린 풀포기
금 간 틈이란 틈 사이 자란 잎맥
허리 구부리고
한쪽 무릎을 땅에 대고
풀을 뽑고 있다
땅바닥을 오래, 자세히 보기는 드문 일
메마른 땅에 더욱 단단히 뿌리 박고 있는
풀을 뽑고 있다
황갈색 보도블록 틈을 비집고
쇠비름강아지풀바랭이토끼풀씀바귀방동사니달개비
초록초록 덧칠하며 견고한 세력을 이룬
풀을 뽑고 있다

물끄러미 응시하면 현기증 이는 길목에서
풀을 뽑고 있다
뽑아도 뽑아내어도 다시 출몰하는 풀
질긴 풀 한 줌 손에 들려 있다

함박눈이 되고 싶었다

무의미한 영혼이 어딨어
흐린 허공을 가르는 진눈깨비 봐봐

모퉁이 혹은 구석지고 응달진 곳
소복이 쌓이는 함박눈은 한없는 슬픔의 덩이
어떤 절망이 빈 나뭇가지를 훑고 와서 쪼그리고
발정 난 고양이처럼 울고 있던 섣달그믐
진창길 내딛기가 겁나서일까
잘 녹지도 않고
밟힐수록 안으로 단단히 뭉치는 결정체
몸 부피 키워갔던 내 유년은,
뒤에 벽이 있다는 건 더 이상 떠밀려가지 않아도 된다는
갈 데 없는, 황량한 들판
엄마가 내민 한 줌 햇살
설움에 복받쳐 엉겨 붙었던 제 살결
내어주며 흘렸던 눈물
볼품도 없이 낮은 곳 긴 자죽만 남겼지
우울우울 흘러내렸지
느닷없이 어룽져 밀려오는 내 유년은,
오롯이 함박눈이 되고 싶었지

인대가 파열되었다 2

금방이라도 장대비 쏟아부을 하늘
먹장구름 몰고 온 바람
병실 창문에 와서 덜컹거리며 산발한 머리를 찧고 있다

저공비행으로 날고 있는 제비
저 가벼운 비행
고추잠자리 떼의 날갯짓이 불안하다

오십 대 초반의 가장이 오른쪽 다리
스-르-르-륵 스-르-르-륵
무릎을 억지로 밀었다가 당기는 재활치료,
기계의 반복 작업에 오후를 통째 내어주고 있다

슬로비디오처럼 천천히 넘어가는 하루
누워서, 이렇게 누워서
내다보는 창밖 풍경
한 삼사 년 쳐다볼 하늘을 며칠 만에 다 본

바람에 쫓기는 비구름을 쳐다보면서
토끼나 말 그림을 만들었다가 지워버리고

세렝게티의 가젤 쫓고 있는 치타를 그려보다가
이내 가을운동회 계주 선수가 되기도 하는

아플수록 선명하게 다가오는
답답한 한때의 풍경
한바탕 장대비가 휩쓸고 있다

길을 건너는 데도 치열하게

지렁이가 몸으로 새긴 문양을 본다
유연하고 연약한 몸뚱어리
몸의 물기 다 뱉어내고
길바닥에 구불구불한 궤적을 남긴 생의
흔적

칠월 한낮, 오체투지하고 있다
이 숲에서 저 숲까지의 거리는 약 35만 년의 간격
유성의 꼬리를 자른 거리다
지렁이가 긴 몸 끌고서 길 건너고 있다
행장도 꾸리지 않고
빈 몸으로 건너는 수행승 같다

장애물 아무렇게나 여기저기 놓여 있고
시시때때로 구둣발이 다가서고 있는
새들이 주린 배 채우려고 땅바닥을 훑고 있는 길

저녁 무렵이거나 안개 낀 흐린 날이면 좋으련만
여름 한낮의 잔상
온몸 필기체 유서를 쓰다가

〈
녹슨 철사처럼 딱딱하게 변해간 사체들
길바닥에 널브러져 말라가고 있다
때로는 저처럼 길 건너는 데도 목숨 걸 때가 있다

저 문양은 지렁이가 새긴 묘비명
진흙땅 후벼 파며, 땅의 기억 복귀도 못 하고

봉 세탁기

매화가 봄을 이끌고 상륙했다고

꽃구경 뒤 돌아와
대문간에서 바지 끝자락을 털어 내었다
봄꽃처럼 툭, 툭 번지는 먼지
털어도 지워지지 않는 눌어붙은 얼룩

흔들리면서 출렁인 지 오래된 맹물과
가슴에 배어 있는 묽은 근심을
바닥으로 내려가 호흡이 가빠올 때까지
심장 가누지 못하고 정신줄 놓을 때까지
곡소리 제대로 뱉어보게
나를 하염없이 뱅뱅 돌려줘

봄날에 고요해진다는 건
가슴에 우물을 파는 것

한나절 꽃구경에도 곡절은 깊어
바지와 내의가 끝내 뒤엉키고
어깻죽지는 왼쪽으로 꺾여 바짓단 구겨 잡은 땟국물

〈
온몸 흐물흐물 물거품으로 부풀어 오르는 봄밤
속내까지 버무려져 빙글빙글 돌고 싶다

홍수

지류의 패거리 끌어모아 몸집 불린 장마다

할퀴며 뒤집으며
벌건 눈 부라리며 강마을의 숨을 조이는
세간살이와 가축의 멱살 잡고
기세등등 행패 부리는 너
어쩌지도 못하고
천지간에 어둑살 정강이뼈 근처까지 뻗쳐 있다

토악질하듯 범람한, 차라리 헛것이었음 좋으련만
방 안 가득 젖은 이름들 떠내려와
창문 닫아도 문턱을 넘는 건
말보다 빠른 황토 물살

차고 축축한 대문간에 서서
내가 할 수 있는 일이라고는 저 장마에
발동동 애끓으며 끝없이 무너져 내리거나
뒤통수 긁적이며 또 어디로 흘러가는지
강마을의 뼈대를 기억하는 것
산천이 짜낸 부어오른 울음 베어 물고

허우적 고립에 드는 일이
전부라니

반성

옷자락 밑단이 방문에 낑겨 바둥거렸다
문턱 넘어서는 순간
마음이 먼저 방에 들어가서 쉬고 싶었을 것
미닫이문 닫으면서 그만,
포옥 감싸 쥐었던 하루
주름졌던 바짓단 일순 빳빳하게 줄 당기며 펴졌다가
다시 접혔다
길거리의 햇빛 몇 조각 옷깃에 달라붙어 오다가
그림자에 덜컥 목덜미 잡혀 흔들렸다
방문 틈에 붙어살던 집왕거미 공중곡예 타다 반동의 울림에 놀랐겠다

도적처럼 문지방 넘어온 것도 아니면서
느닷없이 불심검문 당한 몸 불린 미지근한 하루
머리털 주뼛 세웠다
하찮은 것들 대수롭지 않게 외면했었나?
몸속 촘촘히 박혀 있던 찌꺼기와 묵은 먼지
허공으로 날아올랐다
이런 날이 있지
일과 마치고 돌아와 대문 닫고 오늘도 휴,

안도하는 순간 돌발적으로 닥친 변수

목덜미 뜨거워 부동자세로 서 있다
이런 날은 문설주 잡고 가만가만 손등 문지르고
있을 수밖에

내가 손 쓸 수 없을 때

도로 바닥에, 목숨이 끊어지지 않은
훼손된 강아지가 젖은 손바닥을 내밀 때
나도 모르게 툭 튀어나오는 말, 어머니

살려고 발버둥 치는 몸뚱이
숱하게 허공을 휘젓지만 이내 허물어져 내리는 명줄

산국은 꽃숭어리로 겁나게 벙글었는데
연보라 쑥부쟁이 버럭버럭 얼비쳤을 것
둥둥 뜬구름 떼는 가늠하기 힘든 풍경

사소한 것들마저 유령처럼 찰나의 공포였을 것

절단난 몸피는 어쩔 줄 몰라서
순한 눈망울만 껌벅거리는 강아지

단내나는 울음, 궤도를 간당간당 타며
차안과 피안의 경계를 넘어서고 있다
한 생명이 삐거덕 소멸해 가는데
나는 손쓸 방법을 모르고

더 이상 손 쓸 수 없을 때
집요하게 가 닿는 주파수, 어머니

닫힌 방

작은 가시가 몸에 박혔다
살갗을 파고들어
몸에 터를 잡으려는 가시
까만 점으로 박혀 있을 것이지
원을 그리며 열기구처럼 둥둥 떠올랐다
한동안 바람을 핥던 박힌 가시는 외부의 문을 닫고
속으로, 속으로만 울음 깊어 간 방
불온의 생각은 몸의 한 부분
곪아서 보기 흉한 상처도 엄연한 몸의 일부
주목 열매 익듯 붉게 익어가는 부위
내 안의 자폐처럼 몸안의 신경을 차단하고
허연 고름 덩이 성채로 변해 굳어 간 방
고립을 자초하는지
어느 순간 그 언저리만 만져도 아픔의 자물쇠가 열리곤 했다
애초에 눌러 짜서 뽑아 버렸더라면
몸에 핀 꽃 아니면서
얼른 흘려보냈다면

닫힌 방은 감자 싹처럼 뿌리를 내리면서 깊어졌고

봉긋하게 달아올라 저절로 부풀어 올랐다
숨구멍을 찾을 수 없다
온기도 없다
저 혼자 시름 깊어가는 방
저러다 헐어 터져 멍 자국 남을 방

유통기한이 오늘이라니

서너 발자국 너머 펄떡이는 바다가 있는데
새벽녘 잡혀 온 숭어
빨간 고무다라이에 갇혀 헐떡이고 있다

세상의 넓이가 경험한 만큼이라면
오늘 숭어의 세계는 반경 50cm 고무다라이
꼬리지느러미끼리 연신 부딪치며
몸살 나도록 발버둥 쳐도
생의 유통기한은 어판장의 파장까지 일 뿐

이곳은 고독사할 염려가 없는 개미지옥
시시때때 아슬하게 바둥거리며 송곳처럼 생은
뾰족뾰족 날 서 있다
방금 또 산 목숨줄이 끊기고 있다
싱싱한 몸통이 서너 쪽으로 동강 나 뒹굴어도
생의 감각은 마지막까지 도마 위에 바르르 떨고 있는
떨어져나간 시간의 선혈이 수챗구멍으로
빨려들고 있다

생의 유통기한이 오늘이라니

찰나를 버티며 절명의 순간까지 조금 더 연명해보는 거야
버거운 뒷심, 희망 사항을 다짐하며
고무다라이 위를 철벙 솟구쳐 보는
오늘의 숭.어.들

3부

난분분

팽창한 바람
분내 폴폴 날리며

꽃을 틔웠고
꽃을 퍼 나르는
봄날

등 떠밀려

동여맬 수 없는
더 이상 멈출 수 없는
무희의 춤

세상 들어 올리는
들끓는 향연

귀소歸巢

느릿느릿
눈앞을 더듬으며
보금자리 찾아가는 길

참새가 쏜살같이 날아갔다
구름도 뭉개뭉개 지나갔다
민달팽이야, 그러다 언제 집에 드나

더듬더듬
가다가 멈춰서서
더듬더듬

돌부리가 있나
나뭇가지 가로막고 있나

더듬이 길게 빼고
들판 지나 골목을 돌아
돌다리도 두드려보다가

천연덕스레 법화경을 읽으며

더듬더듬
느릿느릿

먼지 털며 젖은 노을 업고
길 끝
집으로 드는 길

만월

대문 어귀 서성거려도 오시지 않네
수만 리 내려와 비추는 보름 달빛은 적막
몽실몽실 맺혔던 매화꽃 튀밥처럼 벙그는데
또 다른 집 한 채 지으러 산으로 가신 어머니

이즈음 눈에 보이지 않은 것이 위대해지네
저 빈 자리 알전구처럼 밝아오네
달빛에 서성이다 달빛에 베인 그리움
조각조각 허공을 젓다가 만월로 걸려 있네

함박눈 예찬

마당 가득 함박눈 내렸다
진눈깨비 흩뿌리다가 바람 잦아드니

밤새
엄동설한 시린 바람이 써레질하였나

어느 한 곳 부족함 없이
곡진하게 쌓인 곡간(穀間)

티끌 같은 눈발이 저토록
소름 돋게 하는 공평!

세상 한 곳 비루하지 않게
편평하게
고루고루 채우고 간 함박눈의
화려한 궤적

접시꽃 활짝

개 짖는 소리도
멎은 칠월 한낮

대문 앞
주저리주저리
활짝
피었습니다

중천의 해는 지글거리는데
새벽녘,
열무 팔러 간 울 엄마
언제 돌아오실까

담장 밑
층층이 목젖 길게 빼고
자꾸만
기다림이 붉어집니다

공허함에
아지랑이 지펴놓고

속절없이
하늘하늘 울음만 깊어집니다

낮달도 선잠 깨어
대문 밖을 서성입니다

꽃동백

꽃 피워 한 시질 허공을 소유하다
꽃들도 시들면
저마다 생기 잃고 초라해졌다
구질구질한 그 뒷모습 보여주기 싫었을 것
통꽃으로 맹렬하게
몸을 던진 대쪽 선비 같은 꽃

시린 하늘바람 품은 서늘한 결기
제 홀로 조용히 앓다가
땅바닥에 박혀 또 한 번 찬란하게
꽃의 인연 맺은
어느 반가班家의 아픈 눈물 뭉치

모정母情

송아지의 누렇고 여린 잔등
연신 몽글몽글 입김이 피어오르던 마구간

행복에 겨운 송아지
마구간 뛰쳐나가 탐스러운 고추밭 덮쳤다

철없는 뜀박질
스카이콩콩처럼 솟구치는 빨간 고추

번개가 번쩍
붉은 난타가 시작되고

까불대는 송아지
어미 소의 울음보 터뜨렸다

음모- 음모-
소 울음 깊어가는 어스름 녘

탱탱한 고삐 줄
낡은 마구간을 헐고 있다

선운사 꽃무릇
- 동학

선운사에 헐레벌떡 뛰어들어
붉은 띠 두르고
눈 따갑도록 붉게 두르고
떼 지어 올린 찬란한 격문

선운사 계곡 따라
고개 빳빳이 쳐들고
쓴
붉디붉은 절명의
시편詩篇

꽃동백 2

땅바닥 뒹구는 동백의 머리통
보았나요
벼랑 끝에 서서
소란도 피우지 않았건만
한 철 허공을 매혹시킨 것이
대역죄가 되었나요
산목숨 댕강댕강 모가지째 단두하네요
외마디 비명도 없이
땅바닥 뒹구는 동백의 머리통
보았나요
일족一族이 공손하게 칼을 받은
오백 년 반가班家의 붉은 저 심장을!

박꽃

담장 높으면 감출 것 많다 하네
내 삶은 어디 감출 것 있기는 했나
담장 낮추면서 해가 떴다가
지고는 했다
쉬 허물 수 없는 날은
박꽃 몇 송이 내다 걸면
담장은 이내 환해지고는 하였다
삶의 거친 표면을 더듬으며 사무치게 출렁였다
거친 바람이 또 불어오고 있다
몸 부비며,
욱신거리며,
낮달 몰래
말랑한 박꽃을 담장에 내다 걸어야겠다

조팝나무 아래

추적이는 봄비 맞으며
만개한 조팝나무 아래 서성거려 보았네

저 귀한 쌀알 누가 바닥에 흩뿌렸나

아버지, 할아버지가 단 한 번도 배불리 먹지 못했던
하얀 쌀밥
활짝 꽃 피웠을 때 차마 몰랐네
한바탕 비바람 소란 떨더니만
바닥에 하얗게 피어나는 쌀알톨

쓸어 담아
고봉밥 한 그릇 아버지 제상에 올려 볼까

무소유

여행을 떠나온 듯 서설이 내렸다
질척이는 반죽 같은 눈더미
눈이 내렸고
눈이 녹는 산길
한껏 부풀린 설경으로 걸어 들었다

잠시 쉰 자리
문득 돌아보니
자신을 슬며시 감추고 있는
적멸

온 산천
겨울 견디는 빈 산을 본다

일편단심

평생 불러온 그 이름
어머니보다 엄마라는 이름이 좋아서
엄마, 엄마

환갑이 지났는데도
아직 엄마라 부르고 있는 동생을 탓하며
힐끗 쳐다보시는 형님
그러거나 말거나

어머니보다 엄마가 좋다
태어나서 어렵게 뱉은 첫 말
엄-마

아내

불편한,

몸의 가장 습한 곳에서 나온
팬티를
평생 빨아주는 여인

내 안색만 보고도
속마음을 이내 읽는
관심법에 능통한 여인

한없이 서툰
내 몸의 이력을 채워주는
항아리의 쌀알 같은 여인

고요한 마당

참새 몇 마리
찍고 간
발자국 틈으로,
햇살 자르르 내려앉는 고요한 마당

겨울 햇살이 스친
새의 발자국
반짝반짝 촉촉
참새의 눈알처럼 빛나는 정오

고 앙증맞은 참새의 흔적
흠도 티도
자취 없이 스며드는 새하얀 세상
오늘 밤 말간 눈썹달로 뜨겠다

4부

가시박

강둑의 뽕나무 허옇게 질려 있다
멀리서 보면 뽕나무인지 알 수 없는
뼈와 살을 섞지 않아도
부글거리며 거세게 부풀어 오른 가시박 넝쿨
뽕나무 우듬지 덮고 있다
허락도 없이 푸들거리는 허공을 짚어
겨울로 들어서는 햇살을 훔쳐내고 있다
행여 놓칠세라
연약한 겨드랑이와 목덜미 휘휘 감아
무섭게 기어오르던 가시박 촉수
숨 조이듯 그 기세 참 가열차다
눈보라 내리고
찬 서리 내려 길을 잃기 전에
숙명처럼 씨방을 터뜨려야 하는
뽕나무 점령한 저 허기
지상에서의 마지막 발버둥이다
곧 뿌리째 꼬꾸라지고 문드러져
공중에 지을 묘지
스산한 들녘 찬란하게 너울거리고 있다

앵앵거리는 여름밤의 모기

불을 끄고 잘 시간이면
살갗에 살푼 달라붙는 얇고 가는 소리

너는 체취만으로 나를 홀리고
나는 소리로 너를 제압하는 밤
너와 나, 허기의 사슬 공동구역에 있다

엄지손톱 밑의 때만도 못한 안부를 가졌으나
뜨신 피를 찾아 바지런히 나대야 하는
불을 끄면
사바나의 사자나 코끼리도 부럽지 않은
날이 밝기까지 익숙하게 누려야 할 미혹의 세상

숨 쉬는 것 다들 지쳐 벼랑에 누워 있는 밤
희고 말랑한 뱃살이거나 엉덩잇살
까만 점으로 매달려
마카롱처럼 달콤한 상찬을 궁리하는
오늘은 부풀어 오르기 좋은 밤

손이 닿지 않은 곳에서 앵앵거리다가

조용히 벼랑을 타며 너의 경계를 잠입하면
꿉꿉한 여름밤을 서성이며 누리는
이런 따순 밤은 흔치 않아
나조차 내가 누군지 잊어버릴 지경이라

이해받지 못할 사소한 관계라 하겠지만
긴 침묵 깨운 부어오른 욕망을 증명하려는 양
동이 트고 있다

나의 처지 물푸레나무

초록 물풀 다 빼고
오색 옷 치장한 물푸레나무야
소슬바람 한 자락에도 쇠락이 짙어가는구나
빛의 파장 가슴을 후벼파는 이즈음
기억은 하루가 다르게 가물가물
모든 게 빠르게 헤지며 흐물하구나
일상의 구둣발에 으스러지고 바스러져
울음 깊어가는 겨울 녘
둠벙은 어디에 있나
터덜터덜 아득히 저무는 얼굴로
슬픔의 조각 모조리 쓸어 모아
깊은 그런 둠벙 속 유폐시킨다면
찰랑이는 물결도 없는 얼음장 아래
찐득하게 원형을 간직하고 압화 된다면
쩡-쩡-
한 시절 얼음장 울리는 맑은소리와
차고 높은 하늘 원 없이 쳐다볼 수 있겠다
개밥바라기 별에 닿을 때까지
온 들판 매화꽃 물들기까지

화양연화

아내의 젖꼭지 만지는 날이 있다
땅문서가 굴러들어 오듯 불콰한 아랫도리
아내의 몸 더듬던 잠결이 있다
살갗에 닿는 질감 흘러온 세월만큼 늘어지고
곳간의 곡식 비어갈 때면
마찰음 폭죽처럼 문밖으로 튀쳐나갔다
생뚱맞은 악몽이었으나
풍요롭던 아내의 강
두 아이가 자랐고
침대가 몸살 앓던 화양연화
굴러왔다 굴러갔다
심장의 진동이 손끝에 전해오는 날은
맑은 풍경소리 찾아 든 연화세계
석류꽃은 또다시 붉게 피었다
노랑나비 떼 범람한
참을 수 없는 파도가 주름지며 부풀어 오르는
강이 있다

신기루 같은 허공을

좀 봐

신기루 같은 저, 저 허공의 새순들

감당이 불감당인 봄을 관통하고 있잖아

땅속 기운 한껏 뿜아 올려
허공으로 밀고 들어오는 저 박력
기척도 없이 사부작거리다가 젖은 길
공중 부양하는 저 악다구니
한눈파는 사이도 없이, 거침없이
허공에 중독되었나 봐?
주술에 걸린 자유가 아니고서는
뒤척거리다, 흔들거리다, 사푼거리다
너풀거리다, 나부끼다, 외치다
푸르둥둥 핏기 세우고
분노조절 장애처럼 하늘을 향해
연신 몸부림치며 연대하는,
촉수 어느 하나 굼뜨거나 굼뜨지 않고
험한 길 그물망을 쉼 없이 벗어나려는 몸부림

빛을 향해 용수철처럼 솟구치며 격발하는
민주주의의 샛푸른 싹!

아내의 달거리

몸의 허물 벗고 있다
마당의 단감나무 우듬지에 보름달 얹힐 때
몸속의 애벌레가 기어 나와
잿불 화로 달구었다

홍시 땅바닥에 떨어져 박살난 자국
연못의 봇물 터지듯 적혈 한 바가지
몸의 끝물 잡고 있던 아내
하얀 변기 뚜껑 한 모서리에 굳은 피딱지
아직은 여자라는 것을 증명하는
웃픈 오십 초반
몸이 불러내는 신호는 가혹한 붉은색이다

두 아이 낳고도
진통이 몰려오면 복부 움켜잡고 주저앉아
타이레놀 알약을 삼켜야 하는 여자
방아잎 향내 나는,
힘주면 금방이라도 바스러지는 스낵 과자 같은 여자

몸의 허물 벗고 있다

먼지 같은

마당 쓸면 먼지 인다
앞이 잘 안 보인다
뽀얗게 일다
일순 바람에 흩어져 내려
사라지는 먼지

저 티끌에서 왔을,

먼지처럼 부풀다 일어
한 생을 부유하다가 널브러지며 소멸할 것
사라지는 저녁처럼

티끌은 응고되어 흙으로 퇴적되리

노랑나비 다시 날아오르고
산천에 뻐국새 울고 있다
미물에서 조각조각 정화되어 연동되는
지극한 먼지 같은

유통기한이 오늘이라니 2

펄떡이는 저 숭어, 생의 유통기한이 오늘까지다
빨간 고무다라이 질겅질겅 씹으며
아가미 뻐금거린다
뜰채가 벌름대며 수면을 건드려도
당도한 죽음의 그림자가 먼저 물무늬를 찰랑댄다
불화하여 동공 저편, 불안과 공포 어룽거린다

개똥밭에 굴러도 이승이 좋다지만
여긴 답답해
정말 답답해

팔딱임의 신호, 쉼 없이 그 흉내라도 보여야
숨을 조금이라도 연명하는 오늘
지친 기색이나 한눈판 사이
생을 관통하는 뜰채가 부지불식간
낚아챌지도 모를 일

문득, 문득 사라져 간 숭어들
드센 바람 몰아치는 시장통 어시장
몸의 동선이 유난히 짧은 빨간 고무다라이

물 밖으로 가버린 돌아오지 않을 숭어들
허공으로 꼬리치며 치솟으며 찍- 물방울 물세례
고. 수. 레

1막 2장

빛이 잘 들지 않은 방
캄캄해서 느긋하게, 동공이 커지고
방 안의 사물은 또렷하게 부풀어 오른
무논에서 간간이 들려오는 개구리울음
개굴개굴 깊어가는 밤을 더듬고 있는 여름이다

땀내 나는 왜소한 몸뚱이
방어벽 없이 젖은 침대에 뒹굴고 있다
벗어놓은 맨몸뚱이 경계를 풀고 곯아떨어진
홧홧한 밤

한 철 배불리 먹어야 할
따숩고 단내나는 피
날개 팔랑이며, 한없이 가볍게 중얼거리며
더듬이 촉수를 저 살갗에 갖다 대면

오라, 달콤한 밤 우글우글 산란의 밤
곤한 잠에 빠져 있는 먹잇감
자축의 폭죽을 쏘아 올려야 하나
〈

곁에 오래 머물며 야무지게 몸집을 키워갈 것
포식의 소리 죽여가며
은밀하게
토하도록
고요를 갉아 먹으며 체온을 높여갈 것

굿모닝 엄마

아흔한 살 이순이 여사님은 고향 시골집에
홀로 사시는데

하루 한두 번은 꼭,
전화 내는 일

보통은 출근길 차 안에서 목소리 듣지만
놓칠 때는 직장에서 잠시 잠깐의 통화
군불 땐 윗목처럼 따스한 엄마 목소리

나이 드니 귀도 멀어지는지
나도 모르게 목청이 높아지고
했던 말 반복해서 서너 번 말할 때도 있는데
허허, 그래그래,
버릇처럼 말끝을 흐리시면
못 알아듣고 계시는 것이 분명하다
자식에게 미안해서, 얼버무리시는 것이 분명하다
자꾸 착한 아이가 되어 가는 엄마

그럴 때는 서너 번 말하다 나도 맞장구치며

알아들은 척
웃으며 끊기 일쑤다
마음으로 통화하는 날이 서로 잦아지고 있다

찬란하다는 말

밤사이 천둥 번개 쳤다
힘이 달린 모과
마당에 데구루루 떨어져 찢기고 멍울져
칠월의 통증을 낳고 있다

비바람 자욱하게 몰려오는 검푸른 바다
파도의 울림
저 파도는 해풍이 낳은 입양아
거친 파도는 볼록거울을 펼쳐 놓고 요동치고 있다
덜컹 몸 흔들며
바다를 헤집고 급기야 허물어뜨리고 있다
선명한 윤곽을 지우고 있다
걷잡을 수 없이 밀고 밀려와
방파제 집어삼키는 너울성 파도
이미 젖은 이마를 무섭게 휩쓸고 있다

부표를 애지중지 매달아 놓은 바다의 터전
떨어지지 않고 부여잡고 있는 것, 장엄이다
찬란이다 거기 그렇게 납작 붙어 있어라
〈

모과나무 잔가지 무섭게 발아되는 초록의
통증이 다스리는
칠월이면

가시박 사랑

늦가을 산색은 꽃대궐
눈으로 담다가 이내 가슴속으로 파고들고 있다

붉나무는 뭘 그리 서두르는지
저 먼저 지고 있는 들판

가막사리와 소리쟁이 휘더듬고 있는 가시박 넝쿨손 촉수에
햇살이 잠자리처럼 내려앉고 있다

우거진 풀대만 보아도 거침없이 달려들어
휘-휘 휘감고 볼 일인가

허락도 없이, 거부해도 막무가내 올라타고 보는 그 기세
강둑 엄나무도 하얗게 질려 있다

저 사랑은 스토크일까
가면도 쓰지 않고
산발한 머리 풀어 자기 품 아래 두려는 거 봐

겨울나무야

한 줌 감춤도 없다
벗을 것 몽땅 벗어 던져서
앙상히 뼈대만 남은 겨울나무야
쇄골 훤히 내다보여
멀리서도 그 속을 파악할 수 있겠다

하지만 모를 일이다
한 그루 한 그루
그 수피까지 보여주었건만,

어느 나무 둥치가 산벚나무냐
상수리, 팥배나무는 또 어떤 것인지
도통 모를 일이다

몇 장의 잎이 붙어 있다면
비록 누더기라도 좀 걸치고 있었더라면
너의 이름 알 수 있겠다
단박에 식별할 수 있겠다
겨울나무야

벚꽃 엔딩

사월동 벚꽃 구경 갔다 서울행 기차가 지나는 철교 밑을 걸어서 슬렁슬렁, 잡초가 도배한 푸른 하천 둑이 나오고 봄볕에 뚝방의 고양이와 개나리꽃 졸면서 지고 있었다 불경스러운 봄날이 삐죽이 보였다가 사라져 갔다 봄의 정수리에 올라타 하염없이 간당간당 졸고 싶었다

보스코 야외예식장을 돌아서면 난리 블루스, 드레스 입은 신부를 보았다 '또 울렁이는 기분 탓에" 두려움은 뒤쪽으로 아득히 밀려 앉았고, 불화는 쉽사리 찾지 않겠다 스멀스멀 꼼지락 사방팔방 발화하는 벚꽃 엔딩

수령 제법 된 벚나무 둥치 부스럼꼬딱지에 환한 꽃 몇 송이 매복하던 그믐의 적막이 생애의 아픈 영혼을 불러 세웠나? 너도 꽃 피었구나 촉수와 시신경 벚나무의 신경세포가 신호등을 무시하고 만삭의 진통을 풀어 놓았다 엉덩이 들썩이며 봄의 페달 밟고 있어 숨차겠다 예식장으로 가는 하객들 속도를 무시하고 밀어 올리는 벚꽃 방석 그늘에 두근거리며, 서둘러 길게 줄 서는, 봄에 확 데이고픈, 지상의 봄날
〈

숨 고를 여유도 없이 봄은 단단히 주술에 걸렸다

* 벚꽃 엔딩 노래 가사.

봄이잖아

쓰러진 상수리나무 어혈이 풀렸나
한 잎 두 잎
새순을 달고 있다

남의 안부는 다들 관심 없겠으나
슬픔이라는 지루한 기억
오래 만지고 있어 보아야 그건
불행의 파편

시린 바람 몰아치던 유년의 골목길
여기저기 문 꽁꽁 닫아걸며
안으로만 엉겨 붙던 상처 입은 동토의 외로움도
납작 엎드려 압축된 상흔을 조몰락대던 슬픔의 덩이도

저 햇살
언 속 예리하게 찌르며
늑골까지 뚫고 들어 온 봄볕의 기운에

박살이 나자
저 햇살에 아픔이란 슬픔

실밥이 투두둑 터져 나와
개울물 소리 꾸르륵 속창까지 절로 비어져 나오도록
녹아내리자
얼음덩이가 눈물처럼, 빗물처럼

어떤 오후

양철지붕 경비초소에 겨울비 내린다
여름 장맛비 아니면서 찰지게
내리는 비

뚜뚝 두두둑 뚜뚝 두두둑
겨울 빗소리 들으면서
바라본 먼 바깥 풍경

안개가 산을 지우고 있다
산과 산을 외딴섬으로 만들어 공중에 띄우고 있다
산맥을 잘랐다가 오려 붙이기를 반복하고 있다
아침나절부터 스며들었다가 어룽대는 숨찬 안개
햇빛은 지쳤는지 겨우내 경비초소를 물고 있다가
안개 속에 잠시 몸을 뉘였나

왠지 변장술에 능한 안개가
바닥에 엎드린 공장 경비초소의 문을 열어젖히며
불쑥
까닭 없이 손을 내밀 것 같은
겨울비 오는 어떤 오후

후생

초록이 휙휙 지나갔다

황혼의 시간이 급하게 다가오고 있다
자고 나면 지천으로 뒤덮는 이팝나무 이파리
직원들 출근하기 전에
공장 정문 인도를
통풍기로 반짝반짝 길을 열어야 한다

갑자기 떨어진 날씨 탓에 낙엽들
우우, 아무 생각 없이 떼거리로 팔려 다니는
군상群像에 닿아 있다

아침 햇살 내려오는 공장길
흙먼지는 되살아나서 허공을 잡고 있다
바람 탄 흙먼지
야생성 회복하고 낙엽을 굴려 가며 저벅이고 있다

가볍게 일고 지는 저 흙먼지의 두근거림 속으로
기어드는 낙엽의 유골

주주야야비비

환갑 넘어선 중년,
축복은 다 어디에 두고
강파른 고갯길 쉼도 없이
간당간당 넘어서고 있나

평생 비슷한 보폭으로
걸어온 걸음걸이
하루아침에 보폭까지 바꾸었으니
밤낮이 주기적으로 뒤바뀐
고단한 잠

부레옥잠 뿌리털 까만 발
강바닥에 뿌리내리려 용써 보지만
심연에 닿지 못한 불면
팔랑나비처럼 날개를 펴고 부유하고 있다
붕붕 떠오르고 있다

이 길이 아닌데
잘못 들어도 크게 잘못 들었나 봐
알면서도

거기서 멈출 수 없는
녹록한 길의 굴레
눈물 지우며 가는
주주야야비비

소리에 익다

참매미 울다 지치면
유지매미가 목청껏 더위를 달구는
동네 어귀 느티나무 정자 아래
두 종류가 번갈아 내지르는
매미들의 짝짓기
한여름 온 마을 밀당의 소리로 부풀고 있다
염천을 흔들고 있다
담장 위의 양대콩 넝쿨 풀 죽어
흐늘흐늘 맥 못 추고 있는데
참매미, 맴맴맴
유지매미, 유지유지
풀섶의 풀벌레
소리를 공모하고 있다
삼복더위를 시주하고 있다

초복의 복숭아,
저 소리에 붉어지는지
탐스러워지는지

티베트 순례길

티베트 사람들은 태어나서 한 번은 떠난다는 순례길
쓰촨성에서 라싸까지는 2,100km
하루에 6~10km씩, 180여 일의 여정
라싸 남쪽에 있는 침푸 계곡의 파드마삼바바를 접견하러 떠나온 길
죽음 이후의 세계를 다잡는 고해苦海
성지 조캉사원 영원의 거울을 보기 위한 오체투지
가파른 산길이 있고, 길조차 찾을 수 없는 미라산 계곡 건너
메마른 땅 뽀얀 먼지 일으키며, 얼음판 위에서도 삼보일배
몸 낮추면 마음도 비워져 무념무상 순례길
길가의 풀섶 그들이 눕는 곳이 집이고 우주가 되는 곳
땅에 바짝 엎드려 부처님께 귀의하는,
무르팍 물집이 생겼다가 빵 터져 삐져나오는 몸의 벼랑
온몸 멍이 들고 지쳐 망가지지만
머뭇거림 없이
길이 길을 내면서 정신 맑게 드는
길의 끝자락이 보이지 않는 환한 길

욕망으로 치닫는, 끝내 머리로 닿을 수 없는
멀고 먼 길

■□ 해설

변방을 투시하는 사물주의자의 감각
- 윤창도의 시세계

이화영(시인·문학박사)

1. 소멸과 생성의 너머

 윤창도 시집 『물의 얼룩이 올챙이라니』(시산맥, 2025)는 사물과 상상력을 결속하는 원리로서 언어 자체에 대한 본질적 탐색과 인간 이해를 통해 새로운 존재 생성의 감각과 기억을 유추한다. 시인의 내면이 밖으로 투사되고, 그 결과로써 그의 내부와 외부 세계가 교류하고 관계를 맺는 과정은 윤창도 시의 개념에서 중요한 역할을 하고 있다. 시인의 언어적 감각은 깊고 심오하다. 시인은 "믿음직한 말들을 건져 올려 식탁 위 몇 구절의 꽃잎과 아직 닿지 않은 안부들과 몸이 불러내는 신호들을 버무렸다."(「시인의 말」)라고 말하고 있다. 이러한 서정성의 자기 회귀성은 다채롭게 뻗어가는 언어형식을 통해, 제한된 의미론을 넘어 삶의 국면과 결합하는 은유적 속성을 구현한다.

    초록 물풀 다 빼고

    오색 옷 치장한 물푸레나무야

    소슬바람 한 자락에도 쇠락이 짙어가는구나

    빛의 파장 가슴을 후벼파는 이즈음

    기억은 하루가 다르게 가물가물

    모든 게 빠르게 해지며 흐물하구나

    일상의 구둣발에 으스러지고 바스러져

    울음 깊어가는 겨울 녘

    둠벙은 어디에 있나

    터덜터덜 아득히 저무는 얼굴로

    슬픔의 조각 모조리 쓸어 모아

    깊은 그런 둠벙 속 유폐시킨다면

    찰랑이는 물결도 없는 얼음장 아래

    찐득하게 원형을 간직하고 압화 된다면

    쩡-쩡-

    한 시절 얼음장 울리는 맑은소리와

차고 높은 하늘 원 없이 쳐다볼 수 있겠다

개밥바라기 별에 닿을 때까지

온 들판 매화꽃 물들기까지

─「나의 처지 물푸레나무」 전문

「나의 처지 물푸레나무」에 나타나는 시인의 속성은 자신이 시종 추구해 온 '자화상自畵像'이자, 시인으로서 마땅히 가져야 할 자세와 이상적 모습이기도 하다. 인간과 초목의 순환이라는 원시적인 모티프는 고전과 민간설화에 다양하게 전해 내려온다. 북유럽에서는 신들이 물푸레나무에서 사람의 모습을 보고 물푸레나무에 '영혼'과 '의지'를 주었다는 신화가 전해져 내려온다. 물푸레나무는 "풀을 푸르게 하는 나무"라는 뜻이다. "초록색 물풀 다 빼고/ 소슬바람 한 자락"을 통해 추상이 육성이 되고, 쓰는 일이 운명을 다하는 곳까지 언어를 추적해간다. "울음 깊어가는 겨울 녘"은 인지와 감각을 통해 상상적 거소를 맞는 모습으로, 그 "터덜터덜 아득히 저무는 얼굴"은 오랫동안 보고 지켜온 모습으로서 다시 시인의 존재론을 이어가기도 한다.

"깊은 그런 둠벙 속 유폐시킨다면" 이것은 정체된 시간을 거스르는 대변혁의 순간이 필요한 상황으로써, "찐득하게 원형을 간직하고 압화" 되는 생명적이며 존재의 존립을 가능케 하기 위한 질서와 조화의 시간으로 나아가는 것을 보여주고 있다. "한 시절 얼음장 울리는 맑은소리"는 물푸레나무(시인)가 되기까지 소멸과 생성을 넘어 "개밥바라기 별에 닿을 때까지/ 온 들판 매화꽃 물"드는 인고의 기다림 속에서 수많은 시행착오를 통하여 또 다른 의미의 삶을 확보하게 되는 것이다. 시인에게 풀푸레나무는 '소우주로서의 나무'이자 '재생하는 나무'로써 시인 자신이자 우주의 상징이다.

해보다 달이 친근한 곳
장독대 들이지 못한 외진 곳
밑동 반쯤은 썩어서 반쪽은 죽은 고욤나무
집채보다 한쪽은 크게 자란 고욤나무
숨바꼭질하다 술래가 찾아오지 않아
제풀에 지쳐갔던 마음 한 켠
바랭이보다 먼저 이끼가 터 잡은 뒤뜰
그곳에서 보는 하늘은 우중충 어두웠고
잔광만 잠시 파닥이다 가는 무심의 영역
부러진 가지의 상처를 훑고 온 바람
밤새 울었지
부엉이가 찾아들어 우는 밤이면

까마득한 겨울

뒤뜰의 고욤나무 반 그루

봄이면 초록잎 달았다

그 나무 오래오래 보고 자랐다

－「고욤나무 반 그루」 전문

　윤창도의 시는 존재를 가두는 시간의 피막을 벗어나 새로운 시간 의식을 창조해낸다. 한 편 한 편의 작품 안에 시인은 기억을 역류하여 존재의 원형에 닿으려 하면서, 물처럼 흘러가는 시원始原의 순수를 바라보며 '존재론적 기원의 복귀'를 견고하게 보여준다. 그것은 "해보다 달이 친근한 곳/ 장독대 들이지 못한 외진 곳"에서 발원하여 "밑동 반쯤은 썩어서 반쪽은 죽은 고욤나무"라는 닿을 수 없는 지층의 쓸쓸한 지점까지 추적하고 상상한다. 시인이 바라보는 세계의 실체인 '고욤나무'를 통해 스스로를 치열하게 탐색해 가면서 "제풀에 지쳐갔던" 외롭고 쓸쓸한 심리를 투사하고 있다.

　시인은 누구보다도 언어에 대한 자의식이 강렬하다. "잔광만 잠시 파닥이다 가는 무심"한 공간은 시인의 현실 공간이며 삶과 죽음의 공존 장소라고 할 수 있다. 시인은 "부러진 가지의 상처를 훑고 온 바람"이 온몸을 수반해서 전하는 자연물의 언어와 식물의 언어를 받아들이고, "부엉이가 찾아들어 우는 밤"을 적시하고 넘어서며 상호연관적 존재임을 노래해간다. 우주적 회귀와 태동은 그냥 얻어지는 것이 아니다. "뒤뜰의 고욤나무 반 그루/ 봄이면 초록 잎" 내미는 과정에서 시인은 '고욤나무'의 존재가 내보이고 있는 존재 전환과 우주적 대 변환의 과정을 끊임없이 직시하면서, 동시에 삶의 깊이를 통해 '언어'가 사물의 뿌리에 가 닿아 근원적 존재에 대한 증언을 가능하게 하는 것임을 보여준다.

> 대곡천 자갈밭 물을 지나면 절벽
> 선사시대의 병풍 폭 암각화
> 바다의 기억을 물고 있다
> 운무에 휩싸였다가 풀어놓은 수렵의 전설
> 햇살을 끌어 덮고 있다
> 뼈작살이란 도구를 들고 반짝였던 시대
> 범고래, 귀신고래, 향유고래, 혹동고래의 거친 숨소리
> 가까이 다가서면 대나무숲의 푸른 댓가지 어룽거리며
> 윤슬로 쓸려갔다 쓸려오는 반구대암각화
> 귀신고래 잡아서 끌어올리는 날이면

은하의 푸른 별자리가 욱신거렸다

시원의 소리가, 괴성이 날뛰었다

혹등고래 내뿜는, 뜨건 숨이 가빠올라

절벽을 마구 뛰어올랐을 것

암각화의 기억은 붉은 노을 속 바다의 체온을 물고 있다

고래는 묵직한 문장으로 퍼덕였고

고래의 울음은 적벽에 경련하며 유택을 지어 놓았다

수 없는 세월, 저 유택 속으로 자늑자늑 걸어 들어

지친 몸 함께 누이는 노을

　　　　　　　　　　　　　－「노을– 반구대암각화」전문

　윤창도 시집 『물의 얼룩이 올챙이라니』 시편에는 주관적이고 고백적인 특성의 작품을 자주 볼 수 있다. 시는 다른 예술 장르와 마찬가지로 타자를 향한 말 건넴의 일종이다. 하여 어떠한 방식으로 말을 건네는가에 따라 전달되는 내용이 달라질 수 있다. 고래는 바닷속에 사는 동물로 평균 수명이 80~90년이며 바다 생물 중에서 거대한 동물에 속한다. 이미 멸종된 "선사시대의 병풍 폭 암각화"를 발견한 시인은 "바다의 기억"을 가진 생물로 '암각화'를 그려놓고 있다.

"뼈작살이란 도구를 들고 반짝였던 시대"는 강한 육체와 감각을 지닌 생명의 역동적 생존을 말한다. 시적 자아를 다양한 동물의 형상이나 습성 등으로 표상하는 것은 자아의 생존방식을 상징화하는 것이며, 시인이 세계에 대응하는 태도를 나타내는 것이기도 하다. 동물적 자아는 동물적 삶의 양태를 암시한다. "범고래, 귀신고래, 향유고래, 혹동고래의 거친 숨소리"에서 보이는 자아의 동물적 변용 또한 이러한 바닷속 삶의 양태와 동일한 의미를 갖는다. "귀신고래 잡아서 끌어올리는 날이면/ 은하의 별자리가 욱신"거리는 세계와 자아의 격렬한 부딪침이야말로 '뼈작살'과 '고래'를 통해 원초적 회귀 욕망을 가장 두드러지게 표현되고 있다. "고래의 울음은 적벽에… 지친 몸 함께 누이는 노을"이라는 시·공간 속에서 선사시대의 비극과 똑같은 질량의 슬픔을 언어로 토하고 있는데, 이것은 고래의 슬픔과 자아를 동일시하고 있음과 무관하지 않다.

2. 물의 뼈, 물의 말

시인은 시를 읽고 씀으로써 우주나 역사에 상상적으로 참여한다. 시인은 자신이 지향하는 생명의 공간을 세움으로써 현실과 이상, 삶과 죽음이라는 분리된 세계를 서로 융화시킨다. 윤창도 시인의 사유와 감각은 단절된 세계를 연결 짓는다. 시인은 생명의 공간에 높이의 공간인 '하늘'을 세우는데 하늘의 이미지가 매우 빈번하게 물의 이미지와 결합한다는 사실이다. 그러한 새로움을 가능케 하는 원초적 힘은 시인의 시적 상상력에 기인하는 고독한 역류逆流일 것이다.

지류의 패거리 끌어모아 몸집 불린 장마다

할퀴며 뒤집으며
벌건 눈 부라리며 강마을의 숨을 조이는
세간살이와 가축의 멱살을 잡고
기세등등 행패 부리는 너
어쩌지도 못하고
천지간에 어둑살 정강이뼈 근처까지 뻗쳐 있다

토악질하듯 범람한, 차라리 헛것이었음 좋으련만
방 안 가득 젖은 이름들 떠내려와
창문 닫아도 문턱을 넘는 건
말보다 **빠른** 황토 물살

〈

차고 축축한 대문간에 서서

내가 할 수 있는 일이라고는 저 장마에

발동동 애끓으며 끝없이 무너져 내리거나

뒤통수 긁적이며 또 어디로 흘러가는지

강마을의 뼈대를 기억하는 것

산천이 짜낸 부어오른 울음 베어 물고

허우적 고립에 드는 일이

전부라니

-「홍수」 전문

시 쓰기 과정에 따라 시인은 때로 백지를 기다리며 백지에 상처를 입고 백지에 베이기도 한다. 시인은 혼돈의 풍경 속으로 천천히 들어간다. "지류의 패거리 끌어모아 몸집 불린 장마"는 패악과 분탕질의 숨 막히는 긴장으로 가득하다. 그 배경 속에서 '시'는 "할퀴며 뒤집으며…세간살이와 가축의 멱살"을 조이는 가혹을 감내하고, 시인은 "천지간에 어둑살 정강이뼈 근처"의 감촉을 느끼고 쓰는 것이다. "방 안 가득 젖은 이름"의 언어를 가장 깊은 피부로 은유하며, "창문 닫아도 문턱을 넘는/ 말보다 빠른 황토 물살"을 마주하며 세계의 사라짐과 나의 존재가 교차하는 절박한 순간을 표현한다.

시인은 "내가 할 수 있는 일이라고는 저 장마에/ 발동동 애끓으며 끝없이 무너져 내리"는 현상 안에서 지나가는 것들에 대한 불가능한 몸짓을 고백하는 것이다. 시인은 언어의 슬픔을 최후의 근거로 삼으며, "강마을의 뼈대를 기억"하며, 스산한 변방을 투시하며, 자임했던 절망의 시간을 어루만지며, 시 쓰기의 나날을 견뎌온 것이다. "산천이 짜낸 부어오른 울음"은 벼랑 끝에서 전율하는 상처와 소멸을 거친 후 "허우적 고립"에 든다. 그러나 수직적 공간에서 흐르고 있는 물은 모든 존재들에게 생명력과 사랑을 생성시킨다는 점에서 양분을 제공하는 근원적 힘이라고 할 수 있다.

> 바글바글 욕망으로 뭉쳐진
> 둥근 축구공같이 말려 있는 올챙이 떼
> 물끄러미 보아도 생의 표정은 물의 얼룩
>
> 어쩌다 물의 표면을 후려치는
> 개구리울음 후렴처럼 소낙비 오는 날이면
>
> 까만 올챙이 떼

몸집을 키워 검은 물감처럼 점점 크게만 번져가던 얼룩

둠벙은 얼룩을 소멸시키기도 하고
더 큰 형체의 주름을 만들어서
물 밖으로 내보내기도 하는

아직 물의 구근은 차갑지만
봄햇살 들고부터
몸은 가려워서 작은 몸체에서 뒷다리가
툭, 툭 비어져 나오고
꼼지락대며 뒷다리의 몸통 힘을 불어넣고 있는
언덕빼기 아래

철쭉꽃 벙글 듯
물 밖을 기어나가는 개구리 새끼들의 행렬
바글바글

물둠벙,
그 얼룩 서서히 지워졌다가
또다시 피고 지겠지

– 「물의 얼룩」 전문

  물은 단독으로 존재하지 않는다. 모든 잠재적 형질을 내포하고 있는 그 안에서 생명의 씨가 자란다. "둥근 축구공같이 말려 있는 올챙이 떼" 혹은 "물끄러미 보아도 생의 표정은 얼룩"은 아직 개구리라는 이름을 획득하기 전 개구리 유생이다. '올챙이 떼'를 바라보는 시인의 몰입은 예술적 이미지를 생성하기 위한 전력만은 아니다. 소낙비 지나간 뒤 논바닥에 흐르는 물은 "검은 물감처럼 점점 크게만 번져"가면서 올챙이에게는 정화된 영양분으로써 수분이 된다. 인체의 피가 순환하여 생명을 지속시키듯 하늘에서 내리는 비는 "둠벙은 얼룩을 소멸"시키기도 하면서, 지상의 삶에서 비롯되는 더러움을 걸러내며 모든 자연의 생명적 지속을 가능하게 하는 것이다.

  시인의 상상력은 이 물의 순환하는 힘을 따라 "몸은 가려워서 작은 몸체에서 뒷다리가 툭, 툭 비어져 나오고" 혹은 "뒷다리의 몸통 힘을 불어넣고" 있는 '물'의 상상력이 작용하고 있다. 올챙이의 꼬리가 없어지고 네 다리가 생기는 변신의 무렵 "철쭉꽃 벙글 듯/ 물 밖을 기어나가는 개구리 새끼들의 행렬"이야말로 '물의 얼룩'이라는 이미지를 극복하고 세상에 나온 개구리들의 장치인 셈이다. "그 얼룩 서서히 지워졌다가/ 또다시 피고

지"는 양수(물)의 공간은 언제나 생명과 사랑의 잉태를 갈망한다. 그것은 깊이와 부드러움으로 삶의 고통과 비애를 온몸으로 끌어안는 내면적 힘의 원천이다.

여행을 떠나온 듯 서설이 내렸다

질척이는 반죽 같은 눈더미
눈이 내렸고
눈이 녹는 산길
한껏 부풀린 설경으로 걸어 들었다

잠시 쉰 자리
문득 돌아보니
자신을 슬며시 감추고 있는
적멸

온 산천
겨울 견디는 빈 산을 본다

- 「무소유」 전문

온 세상이 하얗게 뒤덮였다. 시인은 이질적 존재를 하나로 융화시키며 새로운 세계를 여는 눈의 부드러움, 눈의 단단함을 연상하며 공간을 액화시키고 있다. "여행은 떠나온 듯 서설이 내렸다"의 비유적 의미망은 다시 인간의 감정적 차원과 결합함으로 다층적 비유 구조를 형성한다. 시인은 "밟힐수록 안으로 단단히"(「함박눈이 되고 싶었다」) 견디면서 부정적 감정의 덩어리를 밖으로 분출하는 것이 아닌 안으로 깊이 내면화함으로써, "세상 한 곳 비루하지 않게 편평"(「함박눈 예찬」)하기를 소망하는 자신을 바라보기도 한다.

눈은 내림과 동시에 이차적으로 하늘의 공간적 특질인 부드러움을 파생시킨다. 그러므로 복되고 길한 조짐의 뜻을 품은 '서설'의 동작은 하늘에 대한 연상과 동시적으로 생겨나는 것이다. 눈은 "자신을 슬며시 감추며" 부드럽고 온순한 힘으로 고통을 쓰다듬는 소생의 힘을 함축하면서, "적멸"에 들어 삶의 고통을 긍정적 힘으로 전환해가는 초월적 존재의 이미지를 구현하는 것이다. 눈의 거대한 내림은 인간의 삶에 내재해 있는 재난과 고통을 덮어주고 싸안는다. 눈이 인간의 삶을 따듯하게 덮어주듯 "겨울 견디는 빈 산" 또한 그 속에서 삶의 전혀 다른 의미를 확보하게 된다.

3. 일상을 경작하는 시인의 언어

윤창도 시인은 일상화된 균열 속에서 만나는 삶의 서사를 포착하여 사물에 대한 의미 부여와 함께 기억의 현재형을 일관되게 드러냄으로써, 서정시가 가지는 성찰과 회귀의 양면성을 최대한 실현해가고 있다. 윤창도의 시에서 두드러지게 보이는 시적 공간은 토속적 자연과 결부된 인간 존재에 대한 깊은 이해와 근원에 대한 시편들이 주를 이루고 있다.

> 서너 발자국 너머 펄떡이는 바다가 있는데
> 새벽녘 잡혀 온 숭어
> 빨간 고무다라이에 갇혀 헐떡이고 있다
>
> 세상의 넓이가 경험한 만큼이라면
> 오늘 숭어의 세계는 반경 50㎝ 고무다라이
> 꼬리지느러미끼리 연신 부딪치며
> 몸살 나도록 발버둥 쳐도
> 생의 유통기한은 어판장의 파장까지 일뿐
>
> 이곳은 고독사할 염려가 없는 개미지옥

시시때때 아슬하게 바둥거리며 송곳처럼 생은

　　뾰족뾰족 날 서 있다

　　방금도 산 목숨줄이 끊기고 있다

　　싱싱한 몸통이 서너 쪽으로 동강나 뒹굴어도

　　생의 감각은 마지막까지 도마 위에 바르르 떨고 있는

　　떨어져나간 시간의 선혈이 수챗구멍으로

　　빨려들고 있다

　　생의 유통기한이 오늘이라니

　　찰나를 버티며 절명의 순간까지 조금 더 연명해보는 거야

　　버거운 뒷심, 희망 사항을 다짐하며

　　빨간 고무다라이 위를 첨벙 솟구쳐 보는

　　오늘의 숭·어·들

　　　　　　　　－「유통기한이 오늘이라니」 전문

　시 「유통기한이 오늘이라니」의 중심 공간은 "빨간 고무다라이"이다. '다라이'는 일본말로 '대야'를 뜻한다. 시인은 시적 표현의 풍부함을 더하고 직관적 느낌을 위해 부러 '다라이'를 사용했을 것이다. 공간이 있는 곳에는 그것의 방향을 결정짓고 그 출발점이 될 수 있는 중심이 되는 신체성이 있게 마련이다.(이

어령) "새벽녘 잡혀 온 숭어/ 빨간 고무다라이에 갇"혀 있는 공간은 생성이 아닌 죽음과 방향 상실을 극화하고 있다. 이처럼 공간을 자아화하는 태도는 이중의 가치 판단을 불러일으킨다. "반경 50㎝ 고무다라이"는 숭어의 육신을 완강하게 고립시키는 공간인식을 통해서 보다 구체적인 현실 상황과 접맥된다.

따라서 이 시에서 '고무다라이'는 '벽壁'이 갖는 물질적 형태 이상의 의미를 상징화한다. "서너 발자국 너머" 삶의 원천이었던 바다가 있는데 "생의 유통기한은 어판장의 파장" 시간이 쥐고 있다. 시적 자아의 극단적 갇힘은 존재의 정신과 의식의 억압을 의미하며 격리된 자가 갖는 고통을 환기한다. "고무다라이 위를 첨벙 솟구쳐" 에너지의 방향을 원심적으로 확산하며 푸른 공간으로 나아가려는 마지막 시도의 의미론적 대립은 여기서 끝나지 않는다. 그렇게 시인은 "마지막 흰 잔뿌리를 드러내 놓고도"(「인연」), "옹이는 나무의 중심이 아닌 변방"(「옹이」)을 견디는 존재론적 기억의 온기를 되뇌어주는 것이다.

> 왜가리 한 마리 서 있다
> 물속에 잠긴 나뭇가지처럼 두 발목 물살에 처박고
> 꼿꼿이 서 있다
> 한치 미동 없이 오로지 앞만 응시하고 있다

아직 얼음은 돌무더기 베어 물고 있는 입춘

바람은 일렁여 찬 물결 발목을 할퀴어대어도

고요마저 집어삼킨 저 부동의 자세

집중이 허기를 내쫓고 있다

청둥오리 떼는 물결 일으키며 연신 자맥질하여도

바람에 이따금 깃털 말아 올릴까

흔들리지 않고 서 있다

파닥이는 먹이 부리로 쪼아 물기까지

공복의 기다림

웅크린 적요寂寥

도심천 풍경을 부여잡고 있다

동백꽃처럼 저녁해 뚝 떨어지고

어스름 내려앉는 도심 천변

저마다 가는 길 재촉하며 집으로 드는데

 - 「밥 아래 풍경」 전문

 이 시의 배경은 도심천 2월 석양을 배경으로 하고 있으며 시적 자아인 나를 '왜가리(새)'의 이미지로 전이시키고 있다. '새'는 인간과 달리 공간적 제약을 벗어나 넘나듦이 자유로운 존재이다. 시에서 종종 인간과 새의 결합은 인간을 구속하고 있는 삶의 조건에서 벗어나기 위한 시도로 볼 수 있다. 인간적 삶의 굴레는 시의 제목(「밥 아래 풍경」)에 암시되어 있듯이 '밥'을 해결해야 하는 고충이다. "물속에 잠긴 나뭇가지처럼 두 발목 물살에 처박고 꼿꼿이 서" 있는 까닭은 먹이를 찾고자 하는 자아의 심리를 나타낸다.

"아직 얼음은 돌무더기 베어 물고 있는 입춘", "바람은 일렁여 찬 물결 발목을 할퀴어대어도" 왜가리 한 마리 "부동의 자세"로 서 있다. "파닥이는 먹이 부리로 쪼아 물기까지" 내면의 마찰을 고요로 몰이하며 '찬물결', '자맥질', '파닥이는 먹이'를 통해서 입체화하고 있다. 스스로의 삶이 가파르게 나아가야 할 당위성과 자신이 감내해야 할 현실의 어둠을 응시하는 내적 성숙도를 보여주고 있다. 시인은 "저마다 가는 길 재촉하며 집"으로 들며 노동의 구체와 싸움의 깊이를 '왜가리'의 꼿꼿한 자세와 지는 '저녁해'의 묵시默示를 통해 진보적 감각과 사유의 다원화를 한층 깊게 부리고 있다.

윤창도의 시집 『물의 얼룩이 올챙이라니』는 "찐득하게 원형을 간직하고 압화"(「나의 처지 물푸레나무」) 되는 생명의 존재와 존립을 가능케 하기 위한 질서와 조화의 시간을 보여준다.

바닷속 체온을 물고 소멸된 '흑동고래'로 살아가고자 하는 이들에 대한 회고와 재현은 심해의 묵시默示를 통해 미학적 심화에 기여하고 있다. 수렵의 전설이 남긴 그 묵시의 투쟁성과 진정성이 동백꽃처럼, 말간 눈썹달처럼, 초록의 광기 속에서 쓰는 시처럼 푸르고 빛나시기를 기원한다.